Decora tu Navidad

35 MANUALIDADES PARA CELEBRAR LAS FIESTAS

ÀNGELS NAVARRO

EDELVIVES

Índice

Antes de empezar

Antes de empezar a realizar tus creaciones, lee atentamente estas páginas.

DIFICULTAD

Este libro está pensado para chicos y chicas de 8 años en adelante. Hay creaciones más fáciles y otras más complicadas. En cada manualidad encontrarás indicado el nivel de dificultad con los siguientes símbolos:

Nivel fácil

Nivel medio

Nivel alto

Puedes seguir el orden que aparece en este libro o empezar por las propuestas más fáciles e ir avanzando en dificultad. Cualquier opción es válida.

TIEMPO DE REALIZACIÓN

- La duración de realización de las manualidades depende de su dificultad y también, en algunos casos, del tiempo de secado de la pintura. Pero en ningún caso sobrepasa las dos horas.

- No vayas con prisas; tómate el tiempo necesario. Lee con atención las explicaciones del paso a paso e intenta comprenderlas. Una vez entendidas, puedes iniciar la actividad.

- Si te encuentras con alguna dificultad o imprevisto, no pierdas la calma ni te desanimes. Procura esforzarte al máximo y tómalo como una oportunidad para aprender.

- Es aconsejable iniciar una manualidad y continuar con ella hasta finalizarla, pero si te cansas, es mejor que la dejes reposar y la retomes en otro momento. ¡Eso sí, no te olvides de recoger!

ESPACIO

- Busca una zona tranquila y amplia para trabajar. El suelo es una buena alternativa si no tienes una mesa grande. Procura que el espacio esté limpio y ordenado; el orden relaja.

- Ten a punto todo el material que necesitas y asegúrate de tenerlo todo y, además, a mano. El material que se propone es fácil de encontrar en papelerías, ferreterías o tiendas especializadas. Pero antes de comprar nada, repasa entre todo lo que tienes en casa, por si encuentras cosas aprovechables: cajas de cartón, blondas de pasteles, sobres y bolsas de papel kraft, papel de envoltorios diversos, troncos, piezas de madera, vasos de papel, cinta de regalos...

- Al finalizar la actividad, deberás recoger todo, fregar los cacharros o el material (pinceles, botes de pintura, pegamento...) y dejar el espacio que hayas utilizado de la misma manera que lo encontraste.

SEGURIDAD

- Ten siempre en cuenta la seguridad. En el libro se advierte sobre cuándo podrás necesitar ayuda para crear alguna de las manualidades. No dudes en pedirla.

De todas maneras procura:

· No poner las manos delante de las tijeras al cortar, ni que las ponga otra persona.

· No utilizar el cúter: es muy peligroso. Pide siempre la ayuda de un adulto.

· Tener cuidado al utilizar agujas o alfileres: puedes pincharte.

· Ser prudente en la cocina al elaborar las recetas que se incluyen en el libro.

LIMPIEZA

- Antes de iniciar las manualidades es importante lavarse las manos; con las manos sucias puedes manchar los papeles y las telas. Y en la cocina, la higiene es fundamental.

- Ten siempre a mano un trapo o papel de cocina para ir limpiándote los restos de pegamento, pintura u otro material.

- Si tienes un delantal, una bata o una camisa vieja de un adulto, es conveniente que lo uses para proteger tu ropa.

MATERIAL Y UTENSILIOS

Aquí tienes una muestra del material y los utensilios básicos necesarios para realizar las actividades.

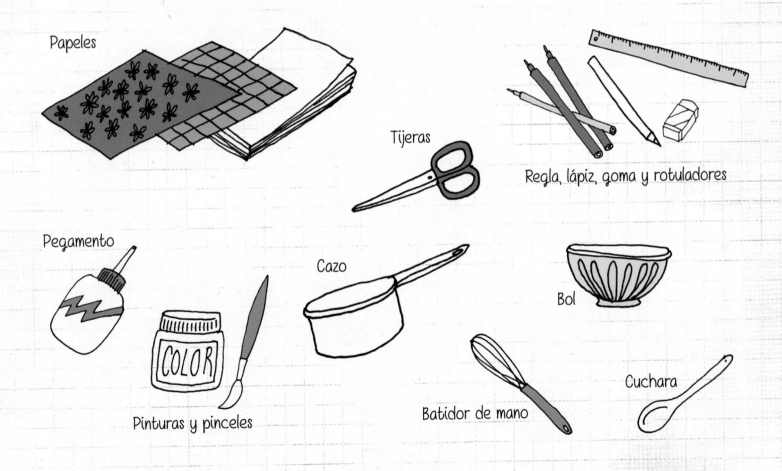

Papeles

Tijeras

Regla, lápiz, goma y rotuladores

Pegamento

Cazo

Bol

Pinturas y pinceles

Batidor de mano

Cuchara

🌲🌲 Material:

- Cartulinas de scrapbook – Tijeras – Cinta métrica
- Cinta adhesiva de doble cara o topos de silicona
- 7 trozos de cordel de 130, 110, 90, 70, 50, 30 y 10 cm

1.

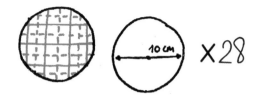

Traza 28 circunferencias de 10 cm de diámetro en las cartulinas de scrapbook. Elige cartulinas de distintos tonos verdes. Recorta los 28 círculos.

2.

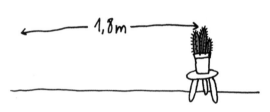

Elige una pared de tu casa que tenga como mínimo 1,8 m de ancho y en la que no haya muebles ni nada colgado. Si es posible, escoge una pared que ocupe un lugar destacado.

3.

Con la ayuda de un adulto, sitúa el cordel de 130 cm a una distancia de 40 cm de altura del suelo y en paralelo a este. Fíjalo con cinta adhesiva por sus extremos, ya que es provisional.

4.

A continuación, pega los otros seis cordeles. Colócalos en paralelo con el anterior y ordénalos de mayor a menor longitud de abajo arriba.
Deja una distancia de 25 cm entre cada uno de ellos. Fíjate en la ilustración.

5.

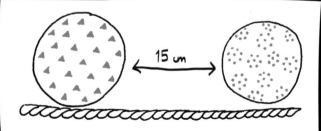

Pega los círculos de cartulina por encima de los cordeles mediante un topo de silicona o cinta adhesiva de doble cara. Deja una distancia de 15 cm entre ellos. Una vez pegados todos los círculos, retira los cordeles.

ABETO DE PARED

CORAZONES DE MADERA

🌲 **Material:**

– Bolas de madera de colores – Tenazas de manualidades – Cordel – Cascabeles – Alambre

1.

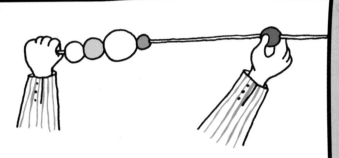

Enhebra bolas de madera en un alambre de 50 cm de longitud. Alterna cuentas de distintos colores para que quede más llamativo. También puedes mezclar distintas formas y tamaños.

2.

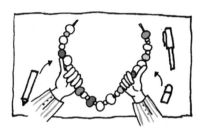

Coloca el alambre sobre una mesa y curva sus extremos hacia dentro, de modo que se forme una silueta de corazón. Te resultará más fácil si agarras un extremo del alambre con cada mano y curvas ambos a la vez.

3.

Enlaza los dos extremos del alambre dándoles un par de vueltas. En uno de los extremos, cuelga un cascabel y forma un bucle con el alambre sobrante, para cerrarlo. Haz otro bucle con el otro extremo y dirígelo hacia arriba. En él atarás el cordel con el que podrás colgar el corazón.

4.

Puedes realizar varios corazones, de distintos tamaños y con diferentes abalorios, para decorar algún espacio de la casa.

GALLETAS DE NAVIDAD

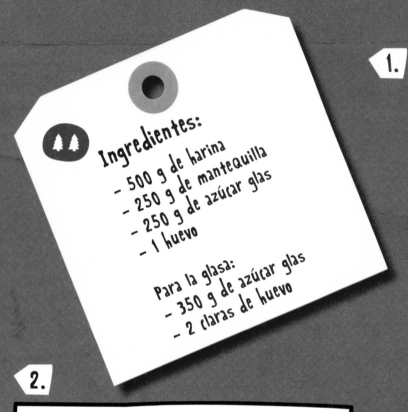

Ingredientes:

- 500 g de harina
- 250 g de mantequilla
- 250 g de azúcar glas
- 1 huevo

Para la glasa:
- 350 g de azúcar glas
- 2 claras de huevo

1.

Bate en un cuenco la mantequilla a punto de pomada (como una textura cremosa). Mezcla la mantequilla con el azúcar y resérvala. Después, bate el huevo en un plato e incorpóralo a la mezcla. A continuación, ve añadiendo la harina poco a poco. Mezcla bien todos los ingredientes, hasta obtener una masa homogénea y algo pringosa.

2.

Envuelve esta masa en papel film y déjala reposar dos horas en la nevera.

3.

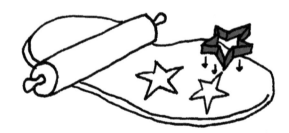

Saca la masa de la nevera, colócala en la encimera y alísala con un rodillo hasta conseguir que tenga un grosor de unos 2 o 3 mm. A continuación, corta la masa con los moldes de motivos navideños.

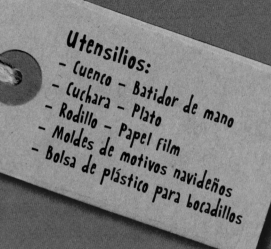

Utensilios:
- Cuenco – Batidor de mano
- Cuchara – Plato
- Rodillo – Papel film
- Moldes de motivos navideños
- Bolsa de plástico para bocadillos

4.

Cubre la bandeja con papel de hornear y precalienta el horno a 230 °C. Hornea las galletas durante 8 minutos. Después sácalas del horno y déjalas reposar media hora.

5.

Para la glasa, bate las claras a punto de nieve y añade lentamente el azúcar glas mientras sigues batiendo. Debe quedar una masa homogénea.

6.

PARA DECORAR

Fabricaremos una manga pastelera. Para ello, corta una punta a una bolsa de plástico para bocadillos. Introduce la glasa en su interior, presiona por el extremo opuesto al orificio para que salga la glasa y decora las galletas a tu gusto.

ADVERTENCIA: recuerda reponer las velas antes de que la llama pueda alcanzar la cartulina

CANDELABROS DE MADERA

🌲 **Material:**

- Cilindros de madera huecos - Piezas de madera de distintas formas y tamaños - Papel de lija
- Pinturas y pinceles - Cola para madera - Velas

1.

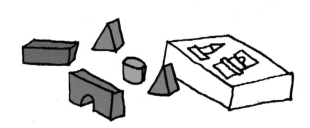

Busca entre tus juguetes un juego de construcciones de madera que ya no uses. Si no tienes ninguno, encontrarás piezas de madera en tiendas de manualidades o carpinterías.

2.

Lija todas las piezas de madera y decóralas pintándoles rayas, topos, etc. (fíjate en la fotografía para ver algunos modelos). Luego, déjalas secar.

3.

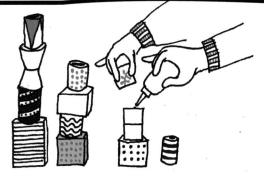

Para sujetar las velas, busca algunas piezas cilíndricas huecas. Si no tienes manera de conseguirlas, construye un cilindro enrollando una tira de cartulina de 16 x 4 cm, que cerrarás con cinta adhesiva. Luego, pon pegamento en la base del cilindro para que quede adherido a la pieza en la que reposa.

4.

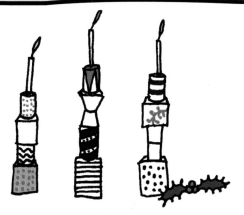

Pega 3 o 4 piezas de distintos colores, unas sobre otras, de modo que formen una torre; la pieza cilíndrica debes situarla en la parte superior. Una vez se haya secado la cola, pon una vela dentro de cada cilindro.

FLOR DE CARTÓN RECICLADO

🌲 **Material:**

- 12 tubos de papel higiénico - Pintura plástica y pinceles - Tijeras - Pinzas de tender
- Pegamento - Hilo de nailon

1.

Pinta 6 tubos de papel higiénico de un color y otros 6 de otro. Espera a que se sequen bien. Para hacer una flor grande necesitarás al menos una docena de tubos.

2.

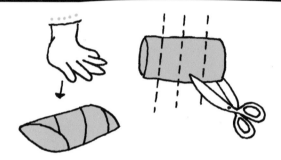

Aplana ligeramente los tubos (como se muestra en la ilustración) y córtalos en cilindros más estrechos de 3 cm de ancho (obtendrás cuatro cilindros por tubo, hasta un total de 36).

3.

Ve pegando esos cilindros entre ellos, como si fuesen pétalos de una flor. Mientras se seca el pegamento, presiona con pinzas de tender las partes unidas. A esta forma podrás añadirle cuantos aros quieras, hasta obtener la flor del tamaño deseado.

4.

Ata unos hilos de nailon a los extremos superiores de la flor para suspenderla del techo. También puedes colgarla de la pared aprovechando algún cáncamo que ya esté clavado.

Puedes decorar
tu árbol de Navidad
con distintos adornos
que fabriques.
Aquí te mostramos
un par de ideas

ADORNOS PARA EL ÁRBOL

🌲 **Material para las bolas de cartón:**

– 1 caja de cartón – Lápiz y goma – Tijeras – Pintura plástica y pinceles – Lana

🌲 **Material para la ristra de bolas de fieltro:**

– Cordel de algodón o lana fina – Bolas de fieltro de colores – Aguja lanera

1. **BOLAS DE CARTÓN**

Dibuja en el cartón cuatro bolas de Navidad de forma alargada (fíjate en la imagen). Después, recórtalas (pide ayuda si es necesario).

2.

Píntalas de colores y, una vez secas, adórnalas con rayitas y dibujos. Haz un agujero en la parte superior y enhebra unos 30 cm de lana para colgarlas.

1. **BOLAS DE FIELTRO**

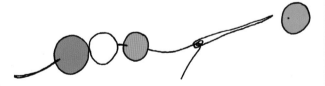

Enhebra un trozo de cordel de algodón o lana fina en la aguja lanera. Atraviesa con ella las bolas de fieltro. Después de pasar el cordel por cada bola, haz un nudo para que no se muevan.

2.

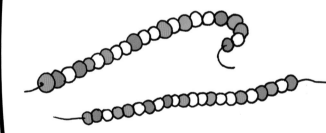

Haz una ristra larga con las bolas ¡y ya está lista para colgar! No dudes en hacer más si las necesitas para adornar tu árbol.

BOTELLAS DECORADAS

Material:

– 3 botellas de cristal – Papel – lápiz y goma – Rotulador blanco para cristal

1.

Elige tres botellas de cristal transparente, mejor si son de distinto tamaño y forma. Lávalas y sécalas bien.

2.

En una hoja de papel, diseña motivos navideños (copos de nieve, estrellas, campanillas...) que reproducirás después en las botellas.

3.

Copia con el rotulador los dibujos que has diseñado. Sujeta bien la botella y ten cuidado para que no se rompa.

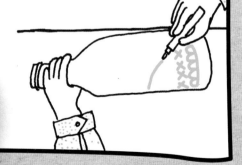

Te será más fácil si haces el dibujo con la botella tumbada encima de una mesa

4.

Espera a que esté seca la pintura y dale la vuelta a la botella para decorar la parte de atrás. Repite la operación anterior.

1.

Forra con papel de scrapbook la caja. Puedes dibujar los círculos con la propia caja. Para los laterales, recorta dos tiras de igual altura que cada lado de la caja. Espera a que se seque el pegamento.

TAMBORIL

2.

Con un punzón, haz un agujero a cada lado de la tapa de la caja. Pasa un trozo de cordel por cada uno y haz un nudo por dentro para sujetarlo. Decora con dos bolitas los extremos del cordel y cierra cada extremo con otro nudo. Haz un agujero más grande donde indica la flecha del dibujo.

3.

Pinta el mango de madera. Una vez seca la pintura, pide a un adulto que, con una barrena, le haga un orificio en la parte superior para encolarlo y unirlo a la varilla.

4.

Introduce el extremo libre de la varilla por el agujero grande de la caja (aproximadamente de 1 cm). Recorta una tira de cartulina de 1 cm de ancho, ponle cola y enróllala alrededor de la varilla; hará de tope. Asegúrate de que la cola se seque bien.

5.

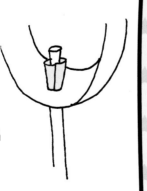

Encola las dos partes de la caja (la base con la tapa). En cuanto se seque, tendrás a punto el tamboril.

INSTRUMENTOS MUSICALES

MUÑEQUERAS DE CASCABELES

1.

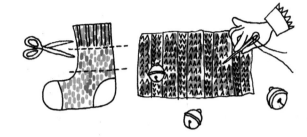

Recorta la parte superior y los pies de un par de calcetines, y quédate la parte central. Después, pide a un adulto que te ayude a coser los cascabeles. Repártelos por toda la muñequera. Repite la operación con el otro calcetín.

Gira la varilla del tamboril para que las bolas choquen contra la caja y sabrás cómo suena

Colócate las muñequeras en los brazos o en los tobillos. ¡Baila y sorpréndete con su sonido!

Material para el tamboril:

- 1 caja de quesitos vacía (u otro tipo de caja de cartón circular) - Papel de scrapbook - Un mango de madera - Pegamento - Cordel - 4 bolitas de madera - Tijeras Punzón - Pintura plástica - Lápiz y goma - Cartulina - Cola para madera - Una varilla cilíndrica de madera de 1 cm de diámetro y 10 cm de largo

Material para las muñequeras:

- Un par de calcetines - Aguja e hilo - Cascabeles

23

ESTRELLITAS DE PAPEL

- Papel de colores o estampado - Regla
- lápiz y goma - Tijeras

1.

40 cm

‡ 2 cm

Marca con un lápiz sobre el papel de color tiras de 40 cm de largo y 2 cm de ancho. (Procura que el papel esté coloreado por las dos caras). A continuación, corta las tiras.

2.

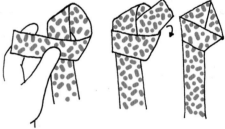

Haz un nudo plano en el extremo de una de las tiras (fíjate en la ilustración). Después, estira el papel por una punta, presiona el nudo y ténsalo de nuevo. Dobla el trozo de tira corto y escóndelo detrás del nudo. Quedará una figura de cinco lados, como un pentágono.

3.

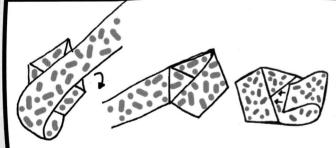

Toma el trozo de tira largo (que habrás situado hacia abajo) y ve doblándolo siguiendo la forma del pentágono. Cuando quede poco trozo de tira, pásala por dentro de los pliegues del pentágono una y otra vez.

4.

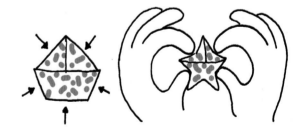

Para terminar, sujeta el pentágono entre los dedos índice y pulgar y presiona los lados hacia dentro. La figura parecerá que se hincha y se convertirá en una pequeña estrella.

ETIQUETAS PERSONALIZADAS

🌲 Material:

- Cartulina de color cartón – Cartulina blanca – Cartulina de otros colores – Tijeras – Perforadora
- Pegamento – Pinzas de tender pequeñas – Rotulador blanco tipo tiza – Rotulador negro
- Acuarelas – Pincel – Cinta de pasamanería o cordel

1.

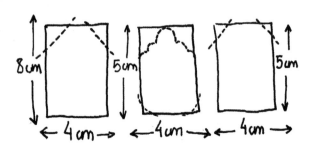

Recorta varios rectángulos de cartulina de 8 x 4 cm y otros de 5 x 4 cm. Puedes redondear las esquinas de los rectángulos como se ve en la fotografía.

2.

Decora los rectángulos de cartulina a tu gusto. Puedes inspirarte en los distintos modelos que verás en estas páginas y decorarlas con rotulador blanco o con acuarelas de muchos colores.

3.

Con una perforadora, haz un agujero en un extremo de la etiqueta y pasa una cinta o un trozo de cordel para poder sujetarlas a los paquetes.

ETIQUETAS ESTRELLA

1.

Recorta también estrellas de cartulina para personalizar otros regalos, vasos, copas o servilletas de la mesa de Navidad. Puedes pegar pinzas de tender pequeñitas en el dorso de las estrellas. También puedes sujetar las estrellas presionándolas con las pinzas.

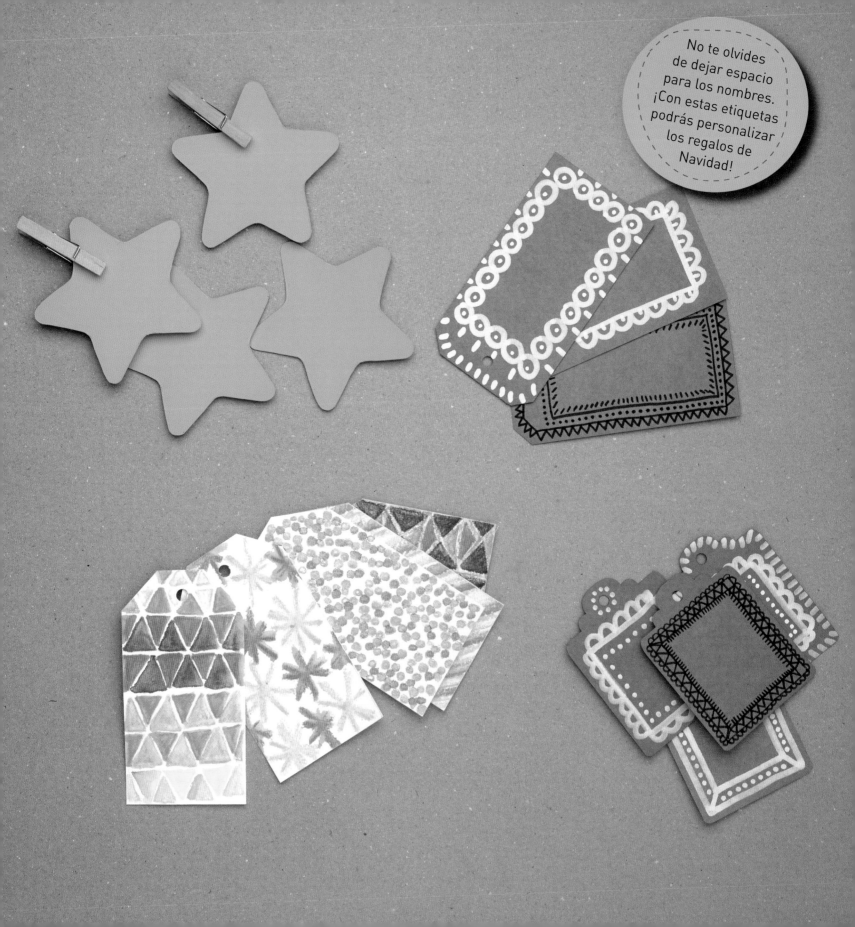

PAQUETES CON CARIÑO

Material:

- Papel de regalo y kraft - Tijeras
- Lápiz y goma - Cartulinas lisas y estampadas
- Pegamento - Abalorios para decorar - Etiquetas
- Cintas o blondas de pastelería - Cinta adhesiva
- Rotulador negro - Pintura plástica y pincel

SOBRE CON BLONDA

1. Introduce el regalo en un sobre bolsa y ciérralo con cinta adhesiva.

2. Dobla una blonda de pastelería (las hay de colores) y colócala en la parte superior del sobre, de manera que quede la mitad de la blonda (un semicírculo) por delante y la otra mitad por detrás. Sujétala por la parte posterior con un poco de cinta adhesiva.

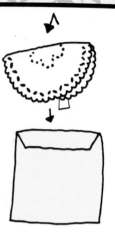

3. Rodea el sobre con una cinta de regalo en sentido vertical. Dale varias vueltas y átala por detrás.

4. Dibuja un corazón en una cartulina. Recórtalo y adhiérelo a la parte de delante del paquete con una punta de pegamento (fíjate en la ilustración). Puedes poner en este corazón el nombre de la persona que va a recibir el regalo.

BOLSA OSITO

1. Para hacer un paquete con la cara de un oso, utiliza una bolsa cilíndrica de papel kraft. Dibuja una forma redondeada irregular y coloréala con pintura blanca. Con rotulador negro, haz los ojos y el hocico cuando la pintura esté bien seca (fíjate en la fotografía). Ahora ya puedes introducir el regalo en la bolsa.

2. Por último, corta un trozo de cinta de 25 cm y hazle un nudo. Coloca la cinta cerca de la abertura de la parte superior de la bolsa y haz dos pliegues pequeños, uno sobre otro, de tal modo que la cinta quede por dentro (fíjate en la ilustración). Sujeta con un poco de cinta adhesiva los laterales para que no se salga la cinta.

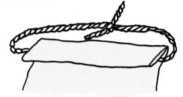

FRISOS SORPRESA

Material:
- Papel de regalo de Navidad
- Tijeras
- Clips
- lápiz y goma de borrar

Puedes hacer otro friso dibujando la mitad de un corazón o también de una campana

1.

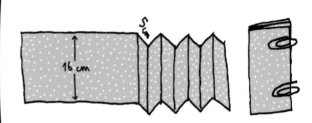

Prepara una larga tira de papel de unos 16 cm de ancho y tan larga como desees el friso. Pliega el largo del papel a modo de acordeón con dobleces de unos 5 cm. Cuando termines, sujeta con clips el plegado resultante.

2.

Dibuja en uno de los dobleces exteriores la silueta de la mitad de un abeto (fíjate en la ilustración).

3.

Recorta con cuidado por el perfil del dibujo. Despliega la tira y... ¡sorpresa!

ABETO DE LATA

🌲 **Material:**

- Tapas metálicas de botes de conserva – Punzón – Tijeras – Cordel o cuero de 60 cm
- Bolas de madera y fieltro de 2-3 cm de diámetro

1.

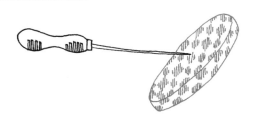

Reúne todas las tapas metálicas de tarros de conserva que puedas. Deben ser de distinto tamaño. Pide a un adulto que te ayude a hacer un orificio en el centro de cada una. Con un punzón y un golpe seco será suficiente.

2.

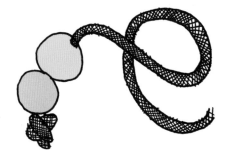

Haz un nudo doble al final del cordel; después ensarta dos bolas de madera (fíjate en la ilustración). Esta será la base del abeto.

3.

Ensarta ahora las tapas. Coloca las más grandes en la parte inferior. Cada 3 o 4 tapas, pon una bola de madera para que queden algo más separadas las tapas del abeto.

4.

Como toque final, coloca una bola de fieltro o de madera que simule los adornos que culminan los árboles de Navidad. Con el cordel sobrante podrás colgar el abeto.

1.

En un bol, bate los huevos con el batidor de mano e incorpora el azúcar poco a poco.

2.

Trocea el chocolate y la mantequilla y ponlos en un cazo. A continuación, los fundiremos al baño maría.

3. BAÑO MARÍA

Pon agua a hervir en una olla o cazuela, e introduce en ella el cazo con el chocolate y la mantequilla. Verás cómo se van fundiendo. Remueve de vez en cuando para que la mezcla quede uniforme.

4.

Pela y trocea las nueces y mézclalas con el chocolate fundido y la harina. Añade la mezcla de los huevos y el azúcar y bátelo todo hasta lograr una masa homogénea.

5.

Vierte la masa en moldes cilíndricos individuales untados con mantequilla y harina. Precalienta el horno a 180 °C y hornea a esa temperatura durante 40 minutos.

6.

Deja enfriar antes de desmoldar. Con una manga pastelera o una bolsa de plástico (tal como se ha explicado en la página 13), pon una capa de nata montada sobre cada bizcocho. Coloca encima una fresa (sin las hojas) y decórala con una puntita de nata.

PAPÁ NOEL DE CHOCOLATE

Utensilios:
- Bol
- Batidor de mano
- Cuchara
- Cazo
- Olla o cazuela
- Cuchillo de mesa
- Plato hondo
- Cascanueces
- Moldes cilíndricos de 8 cm de diámetro y 10 de altura

Ingredientes:
- 4 huevos
- 200 g de azúcar
- 150 g de chocolate negro para postres
- 200 g de mantequilla
- 10 nueces
- 80 g de harina
- Nata montada
- Fresones
- Agua

CALENDARIO DE ADVIENTO

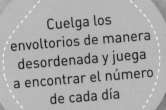

Cuelga los envoltorios de manera desordenada y juega a encontrar el número de cada día

Puedes colocar una estrella de madera o de cartón en la punta del árbol

🌲🌲🌲 Material:

- 5 listones de madera de 10-12 cm de ancho y 110, 90, 75, 65 y 55 cm de longitud - Clavos
- Martillo - Papel de lija - Pincel plano de pintor de 2,5 cm - Pintura blanca para madera - Sobres y cajitas que tengas en casa
- Papel de regalo - Cartulina - Tijeras - Cordel
- Cinta de regalo - Rotuladores - Etiquetas adhesivas
- Golosinas - Cinta adhesiva decorada

1.

Con la ayuda de un adulto, lija los listones y píntalos de blanco con una pasada ligera. Déjalos secar.

2.

A continuación, arma la estructura del árbol. Coloca el listón de 110 cm y clava perpendicularmente los otros listones. Entre ellos debes dejar un espacio de 12 cm. Ten cuidado al utilizar el martillo y los clavos.

3.

Con sobres, cajitas y distintos papeles y cartulinas, construye 24 pequeños envoltorios (uno por cada día de Adviento). Procura que tengan tamaños y colores diferentes para que el árbol quede más variado y bonito.

4.

Numéralos del 1 al 24 con rotuladores de colores. Si el papel es oscuro o estampado, utiliza una etiqueta adhesiva para poner los números.

5.

Introduce tres golosinas en cada uno de los envoltorios y ciérralos. Pon un cordel o una cinta a todos y cuélgalos en el árbol con cinta adhesiva decorada. A los sobres deberás hacerles un agujero para pasar el cordel.

GUIRNALDAS

🌲 **Material:**

- Una hoja de papel - Lápiz y goma - Tijeras - Cartulinas de scrapbook
- Cordel de 2 metros - Pegamento - Papel de regalo de distintos colores

Mezcla las guirnaldas cuando las cuelgues

1.

Dobla la hoja de papel por la mitad. Dibuja una estrella en un lado. Haz que una de sus puntas esté pegada al pliegue (fíjate en la ilustración). Recorta ambos lados a la vez siguiendo la línea del dibujo.

2.

Dibuja y recorta varios pares de estrellas en distintas cartulinas de scrapbook. Colócalas en línea recta sobre una mesa. Extiende el cordel sobre ellas de modo que quede situado en la unión de los pares de estrellas.

3.

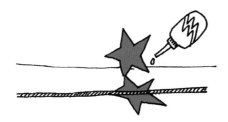

A continuación, pon pegamento en la superficie de la estrella que ha quedado bajo el cordón y una gota sobre el cordón. Une ambas partes de la estrella de modo que estas coincidan y que el cordel quede en el pliegue entre ambas.

4.

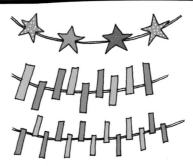

Puedes confeccionar otros modelos siguiendo la misma técnica pero dibujando rectángulos de 3 cm de ancho o triángulos. Alterna colores que combinen entre sí. Fíjate en la ilustración.

ESTAMPADOS ARTESANALES

🌲 Material:

- Lámina de foam para manualidades (tamaño DIN A4) - Tijeras - Un trozo de cartón de una caja
- Pegamento universal - Lápiz con goma en el extremo - Papel kraft en blanco, negro y color cartón
- Tinta para sellos dorada y negra - Bolígrafo - Pintura y pincel

1.

Para empezar, puedes realizar un estampado muy simple. Empapa la goma del lápiz en la tinta y, a continuación, pinta de lunares el papel presionando sobre él con la goma entintada.

2.

También puedes elaborar unos tampones para estampar con foam. Dibuja en el foam dos estrellas de diferentes tamaños. Hazlas un poco separadas. Recórtalas.

3.

Recorta un cuadrado de cartón para cada estrella (deberán ser un poco más grandes que su estrella correspondiente). Pega cada cuadrado con su estrella. Empapa la estrella en pintura. También puedes utilizar un pincel o bien mojar la estrella en la tinta.

4.

Recorta un trozo de papel de la medida que necesites y extiéndelo sobre una mesa. Estampa las estrellas en el papel, presionando bien el tampón. De vez en cuando tendrás que repintar.

Puedes elegir un diseño regular y sobrio o hacer los estampados de forma irregular

Para colgarlo, enhebra varias bolas de madera en un cordel y pégalo en la parte posterior

ROSETONES DE PAPEL PLEGADO

🌲 Material:

-Papel de regalo – Tijeras – Lápiz y goma – Regla – Pegamento – Grapadora – Cartón
– Pegamento – Cordel – Bolas de madera

1.

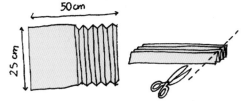

Recorta tres rectángulos de papel decorativo de 50 x 25 cm. Coge uno de ellos y haz pliegues de unos 2,5 cm de ancho en acordeón por el lado más estrecho. Marca bien los pliegues para que queden bien definidos. Corta en diagonal una de las puntas del acordeón para que el rosetón te quede en forma de estrella.

2.

Repite esta operación con los otros dos rectángulos de papel. Después, une uno a otro mediante el último pliegue de cada rectángulo. Utiliza dos grapas en la parte central y dos en cada extremo.

3.

Dale forma circular al rosetón manteniendo unida la parte central y abriendo el abanico por la parte exterior (fíjate en la ilustración). Recorta dos círculos de cartón de unos 8 cm de diámetro.

4.

Pega los dos círculos en el centro del rosetón, uno a cada lado. Ayudarán a fijar y a dar consistencia al rosetón y también servirán como elemento decorativo. Pega, en la parte posterior, un cordel con cinta adhesiva de doble cara. Ensarta, al final del cordel, tres bolas decorativas de madera.

VASOS INFANTILES

Material:

– Vasos de papel – Cartulinas de color marrón claro y oscuro, oro y rojo – Cinta adhesiva

– Lápiz y goma – Papel blanco – Rotulador negro – Pegamento – Tijeras – Cúter

1.

En un papel blanco, dibuja un arco siguiendo la rotación de un vaso de papel. Recórtalo y pruébalo en el vaso. Haz con esta plantilla tantos arcos de cartulina como vasos quieras decorar.

2.

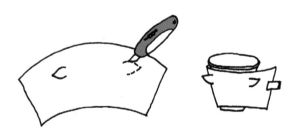

Dibuja las orejas del reno en el forro del vaso (fíjate en la ilustración). Pide a un adulto que las recorte con un cúter. Después, pega los forros a los vasos por los extremos con cinta adhesiva y separa las orejas de la cabeza.

3.

3 cm

Para hacer los ojos, dibuja dos círculos con rotulador negro. A continuación, traza un círculo de 3 cm de diámetro en una cartulina de color oro o plata, recórtalo y pégalo para hacer la nariz.

4.

Dibuja las astas y recórtalas (ver indicación para recortar lados simétricos en la página 39). Con una punta de pegamento, pégalas a ambos lados de la cara, entre el vaso y el forro de cartulina.

1.

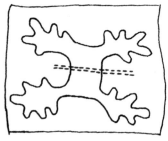

Dibuja en un papel unas astas de reno.
Después dibuja otras astas totalmente
simétricas (como se hace en la página 39)
No olvides dejar un espacio de unos 1,5 cm
entre ambas piezas, (fíjate en la ilustración).

2.

Coge el papel carbón y ponlo encima de un trozo
de fieltro y coloca sobre este el papel donde has
dibujado las astas de reno. Con un lápiz, repasa
el dibujo con fuerza, de manera que la silueta de
las astas quede marcada en el fieltro. Después,
recórtalas.

3.

Coloca una de las diademas justo
en el espacio de 1,5 cm del fieltro
que une ambas astas.
Unta con pegamento
textil el lado del
fieltro donde hemos
colocado la diadema.
Dóblalo de modo que
se adhieran las dos
caras de las astas
y parezcan solo una.
Mantenlas apretadas para
que queden bien pegadas.

4.

Repite los pasos de antes
empleando la silueta de
una corona de Rey Mago.
En este caso coloca la
diadema de forma
que quede horizontal,
ya que nos pondremos
la diadema en la frente.

Una vez seco
el pegamento, decora
las astas y la corona
con adornos de fieltro
de otros colores

46

DIADEMAS NAVIDEÑAS

DECORACIÓN PARA LA PUERTA

🌲 **Material:**

- Cartón – Lápiz y goma – Tijeras – Papel de lija – Gomets
- Punzón – Pinturas y pincel – Cordel – Cinta adhesiva

Pega los árboles a distintas alturas y el resultado será más llamativo

1.

x6

Dibuja con el lápiz seis abetos sobre el cartón. Quedará más bonito si cada abeto tiene una forma algo distinta. Una buena medida son unos 14 cm de altura. Recórtalos.

2.

Con un papel de lija, suaviza los contornos de los abetos. A continuación, pega gomets por la copa (no importa el color; después los quitarás).

3.

Pinta los abetos con la gama de colores que prefieras. Una vez seca la pintura, quita los gomets. Quedarán a la vista círculos de cartón, que simularán copos de nieve.

4.

Haz un agujero en la punta de la copa de cada árbol con un punzón. Pasa un cordel por el orificio y anúdalo. Con cinta adhesiva de colores, pega el extremo de cada cordel en la puerta exterior de tu casa o en cualquier otra puerta.

ESTRELLAS DE CARTÓN Y LANA

🌲 **Material:**

– Una caja de cartón – Lápiz y goma – Tijeras – Lana de colores – Lata

1.

Utiliza una lata de conserva grande o cualquier otro objeto redondo para ayudarte a dibujar varios círculos en el cartón. A continuación, recórtalos.

2.

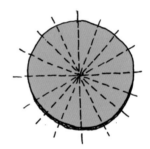

Dibuja líneas alrededor de todo el círculo (la distancia entre ellas debe ser de 1,5 cm). Recorta parte de cada línea: unos 2,5 cm en los círculos grandes y 2 cm en los pequeños.

3.

Pasa hebras de lana de distintos colores por entre los cortes del cartón, entrecruzándolas de tal modo que formen una estrella.

4.

Remata las estrellas con un nudo en la parte superior. Deja un extremo de lana largo que te sirva para colgar las estrellas.

CUCURUCHOS DULCES

🌲 Material:

– Cartulinas lisas – Cartulinas estampadas – Celofán transparente – Punzón – Pegamento
– Cinta de pasamanería – Papel de seda – Tijeras – Cordel – Caramelos de distintos colores

1.

Recorta un cuadrado de cartulina estampada de 22 x 22 cm. Enróllalo para que tenga forma de cucurucho. Recorta la parte superior sobrante de modo que quede como un cono, y pega los laterales para que no se desenrolle.

2.

Repite estos pasos con cartulina lisa. Coloca estos conos en el interior de los estampados. Así los cucuruchos quedarán más bonitos y resistentes.

3.

Corta un cuadrado de celofán de 16 x 16 cm y extiéndelo en la palma de tu mano. Pon sobre el celofán unos caramelos de colores navideños. Pide a otra persona que una los extremos de celofán y los ate con una cinta, de modo que se forme un paquete.

4.

Llena de papel de seda el fondo del cucurucho doble y coloca encima la bolsa de celofán con caramelos. El papel de seda impedirá que las bolsas se queden en el fondo del cucurucho.

Para colgar
los cucuruchos,
haz un orificio a cada
lado, pasa un cordel
y haz un nudo
por dentro

KIRIGAMIS PARA LA MESA

🌲🌲 **Material:**

– Hojas de papel blanco – Regla – Tijeras – Lápiz y goma

1.

Recorta cuadrados de papel de unos 20 cm de lado.

20 cm
20 cm

2.

Dobla un cuadrado por la mitad para formar un triángulo (a). Vuelve a doblar el papel y forma otro triángulo más pequeño (b). Dobla uno de los laterales hasta la mitad (c) y haz luego lo mismo con el otro lateral (d). El papel quedará en forma de cucurucho de helado, pero con dos puntas en la parte superior (e): córtalas (f). Para seguir estos pasos, fíjate en la ilustración.

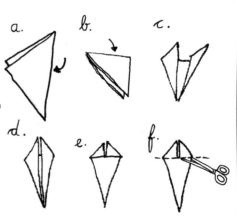

a. b. c. d. e. f.

3.

Traza a lápiz el dibujo con el que quieras decorar el kirigami (puedes hacer distintos diseños). Recorta con mucho cuidado la silueta que has dibujado.

4.

Despliega el papel y ¡ya tienes tu copo de nieve! Haz muchos y decora una mesa poniéndolos sobre el mantel.

PAPÁ NOEL ARTICULADO

¡Tira de la arandela y verás cómo se mueve Papá Noel!

Material:

- Cartulina roja y de otros colores – lápiz y goma – Tijeras – Rotuladores – Pegamento
- Punzón – Cordel – 6 encuadernadores de 1 cm de diámetro – Arandela de 2 cm de diámetro

1.

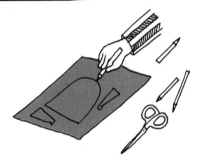

En una cartulina roja, dibuja las distintas partes del cuerpo de Papá Noel. Dibuja el gorro, las manos, la barba y los adornos en cartulinas del color que prefieras. Recorta todas las piezas.

2.

Decora con rotulador la ropa de Papá Noel y pega el gorro y la barba a la cabeza, las manos a los antebrazos y los pies a las piernas. Dibuja a continuación el rostro con rotulador.

3.

Con el punzón, haz seis agujeros en las articulaciones (codos, hombros y piernas). Une las partes de las extremidades y estas al cuerpo con encuadernadores (fíjate en la ilustración).

4.

Ata los dos brazos y las dos piernas entre sí con un cordel. Pasa el cordel por los agujeros que hiciste para los encuadernadores y procura que no esté muy tenso (fíjate bien en la ilustración). Por último, ata otro cordel desde el cordel que une los brazos hasta el que une las piernas y coloca una arandela a su extremo.

BOLAS DE MADERA PINTADAS

1.

Prepara las bolas para pintarlas: líjalas y retira el serrín con un trapo. Recubre con cinta adhesiva la mitad de cada bola. Pinta la mitad que ha quedado al descubierto con un color.

2.

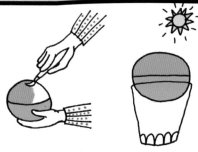

Deja secar las bolas dentro de un vaso, apoyándolas por la parte protegida con la cinta adhesiva. Una vez secas, retira la cinta: verás como queda perfectamente perfilada la línea que divide cada bola en dos partes.

3.

Puedes pintar de otro color la otra mitad de cada bola, tapando ahora la mitad ya pintada con la cinta adhesiva, o bien dejarla sin pintar. Puedes hacer las divisiones que quieras.

4.

Cuando ya estén a tu gusto, pide a un adulto que te ayude a hacer un agujero con una barrena manual en la parte superior de cada bola. Enrosca el cáncamo. Finalmente, cuélgalas con hilo de nailon o un cordel.

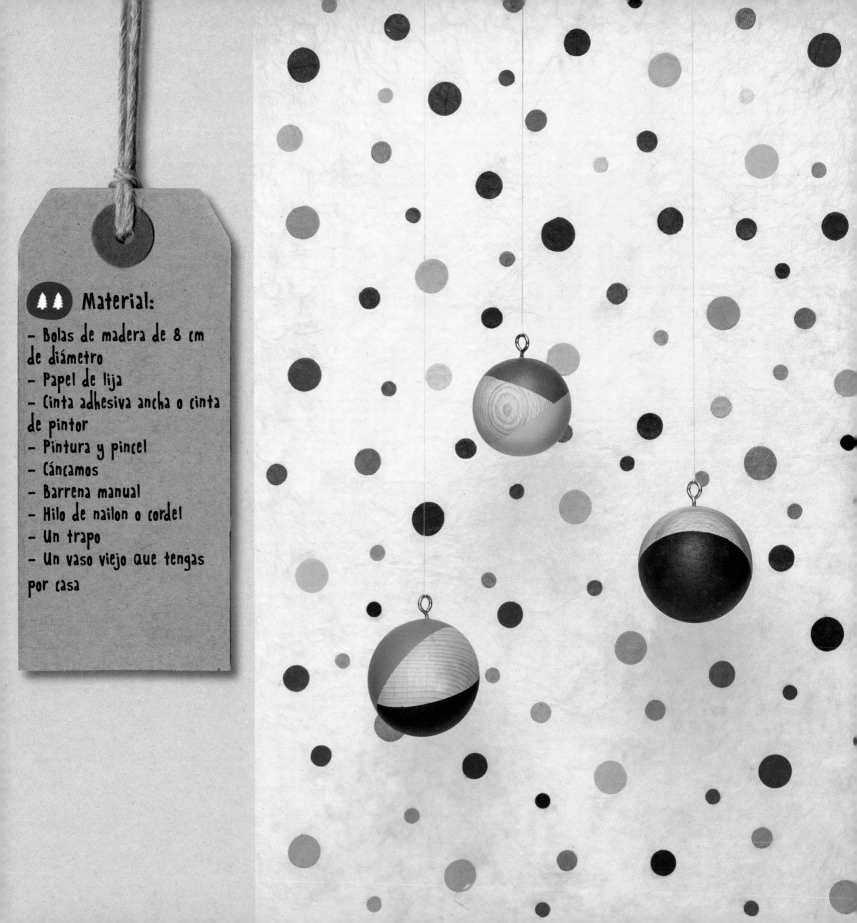

Material:

- Bolas de madera de 8 cm de diámetro
- Papel de lija
- Cinta adhesiva ancha o cinta de pintor
- Pintura y pincel
- Cáncamos
- Barrena manual
- Hilo de nailon o cordel
- Un trapo
- Un vaso viejo que tengas por casa

UNA ESTRELLA MUY NATURAL

🌲🌲 Material:

- 5 ramas finas de 35-40 cm de largo - Cordel rústico
- Tijeras - Guirnalda de luces de Navidad

1.

Hazte con las ramas en el campo o en un parque. Elimina cualquier resto de corteza u hojas.

2.

Coloca las ramas en forma de estrella de seis puntas (fíjate en la ilustración).

3.

Ata las ramas entre sí en los puntos donde se cruzan. Para ello, enrolla el cordel en forma de cruz. Deja que el cordel se vea bien, así la estrella quedará más rústica.

4.

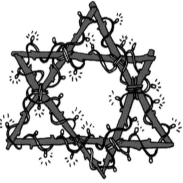

Decora la estrella con una guirnalda de bombillas pequeñas a pilas que podrás comprar en un bazar.

Para felicitar
la Navidad y el Año
Nuevo, o bien el solsticio
de invierno, puedes
realizar tarjetas
artesanales
como estas

FELICITACIONES DE NAVIDAD

🌲🌲 Material:

- Cartulinas lisas de 12 x 17 cm – Tarjetón – Tinta para tampones – Lápiz y goma
- Rotulador negro – Cintas adhesivas de colores – Regla – Tijeras – Pegamento
- Cartulinas estampadas – Taladradora de papel – Cordón de goma

1. TARJETA DE RENOS

Imprime tu huella varias veces en una cartulina. Moja en pintura roja la goma de un lápiz para hacer la nariz de los renos y dibújales los ojos y las astas con rotulador negro.

2. TARJETA DE VELAS

Recorta tiras de cinta adhesiva de colores de 6, 8 y 9 cm. Pégalas una a continuación de otra, en línea recta, en una cartulina. Dibuja encima unas rayitas negras y recorta trozos de cinta adhesiva naranja para hacer la llama de las velas.

3. ÁRBOL DE CARTULINA

Haz agujeros en distintas cartulinas estampadas. Reserva los círculos de cartulina que has taladrado. Dibuja en una cartulina lisa el contorno de un abeto, recubre el interior de pegamento y esparce por encima los círculos de colores de cartulina.

4. ÁRBOL DE CORDEL

Haz un agujero con la taladradora en el centro de la parte superior de un tarjetón. En la parte inferior haz medios agujeros (sin colocar el tarjetón hasta el fondo). A continuación, pasa un cordón de goma desde el agujero superior hasta cada uno de los agujeros inferiores y fíjalo con un nudo por dentro.

TURRÓN DE YEMA

🌲 **Ingredientes:**

– 400 g de almendras molidas – 400 g de azúcar glas – 6 yemas de huevo – 250 g de azúcar

Utensilios:

– Bol – Batidor manual – Cuchara – Moldes rectangulares – Quemador – Cinta ancha de algodón – Cordel

1.

En un bol, mezcla la almendra molida con el azúcar. Dale forma de volcán a la preparación, añade las yemas en el orificio del volcán y mézclalo todo bien hasta que quede una masa homogénea.

2.

Reparte la masa en moldes rectangulares y pon un peso encima de cada uno. Deja la preparación tres o cuatro días fuera de la nevera.

3.

Recubre el turrón con una capa de azúcar y tuéstalo con el quemador hasta que quede caramelizado. Déjalo enfriar. Repite la operación por la otra cara del dulce.

4.

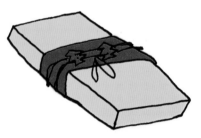

Envuelve el turrón con una cinta ancha, pasa por encima un cordel y añade algún motivo navideño para decorarlo.

UNA SERVILLETA VELA

1.

Extiende una servilleta sobre la mesa. Una de las puntas debe estar hacia ti y la contraria hacia arriba. Dóblala en dos hacia arriba, de manera que formes un triángulo.

2.

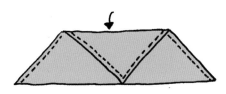

A continuación, dobla la punta superior del triángulo hacia el borde inferior.

3.

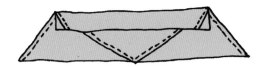

Dobla de nuevo la parte superior hacia abajo, aproximadamente un tercio de su altura.

4.

Pliega el resto por la mitad. Verás que obtienes una especie de cinta ancha.

5.

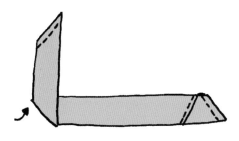

Ahora, dobla el lado izquierdo en ángulo recto (fíjate en la ilustración).

6.

Enrolla desde la izquierda la servilleta. Finalmente, ata la base cilíndrica con varias vueltas de hilo de cáñamo y acábalas con un nudo, como en la foto.

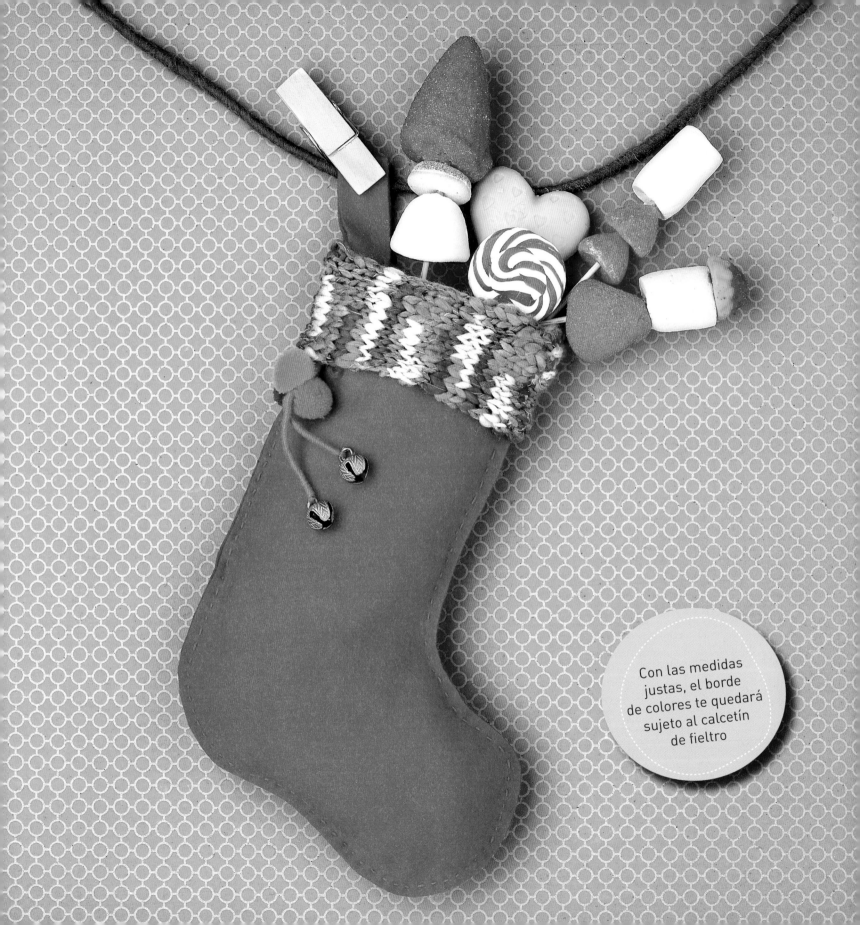

Con las medidas
justas, el borde
de colores te quedará
sujeto al calcetín
de fieltro

CALCETÍN PARA REGALOS

🌲🌲🌲 **Material:**

– Papel blanco grande (DIN A3) – Papel carbón – Lápiz y goma – Fieltro de color rojo de 40 x 80 cm
– Tijeras – Alfileres – Aguja e hilo grueso – Un calcetín que tengas en casa de lana gruesa y de colores

1.

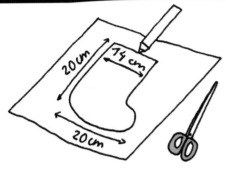

En el papel blanco, dibuja la silueta de un calcetín de 14 cm de ancho de pierna y 20 de largo de pierna y de pie. Dobla el fieltro de manera que quede un cuadrado de 40 x 40 cm.

2.

Encima del fieltro pon el papel carbón, y sobre este el dibujo. Con un lápiz, repasa la silueta del calcetín para que quede marcada en el fieltro. Después recórtalo. Recorta también una tira de fieltro de 2 x 10 cm.

3.

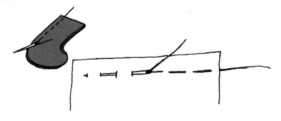

Une las dos partes del calcetín de fieltro con alfileres. Pide a un adulto que te ayude a coserlo con un punto de hilván (fíjate en la ilustración). Además, dobla la tira por la mitad y cósela por dentro, en la parte superior izquierda del calcetín. Servirá para colgarlo.

4.

Por último, recorta un trozo de 16 x 19 cm del calcetín de lana. Introduce por encima del calcetín de fieltro el trozo del calcetín de lana. Puedes adornar con cascabeles u otro elemento el calcetín (fíjate en la foto).

▲▲▲ Ingredientes:

– 500 g de harina – 250 g de mantequilla – 300 g de azúcar glas – Chocolate fondant con leche
– 1 huevo – Una pizca de vainilla en polvo – Colorante alimentario de color verde

Utensilios:

– Moldes redondos de 4 tamaños (10, 8, 7 y 5 cm) – Cuenco – Batidor de mano
– Cuchara – Plato – Rodillo

1.

Elabora la masa
de las galletas
como en la receta
de la página 12.
Añade unas gotas
de colorante verde
y mezcla bien.
La masa debe quedar
de color verde intenso,
como en la ilustración.

2.

Coloca la masa en la encimera y alísala con un rodillo hasta que tenga un grosor de unos 2,5 mm. Corta las galletas con los moldes. Para realizar un abeto necesitarás ocho galletas: dos de 10, dos de 8, dos de 7 y dos de 5 cm. Precalienta el horno a 230 ºC.

3.

Hornea las galletas durante 8 minutos, sácalas del horno y déjalas reposar. Con la ayuda de un adulto, funde el chocolate al baño maría tal como está indicado en la página 34.

4.

Pon unas cucharaditas de chocolate fundido encima de cada galleta conforme las vayas colocando. Sitúa abajo las más grandes y continúa en orden decreciente. Espolvoréalas al final con un poco de azúcar glas que habrás reservado.

ABETO CON GALLETAS

Decora el abeto con una punta de chocolate que puedes aplicar con una bolsa de plástico como se ha explicado en la página 13

CORONA DE ADVIENTO

🌲🌲 **Material:**

- Cinta métrica – Cartulina y pintura del mismo color – Pincel – Lápiz y goma – Tijeras
- Pegamento de manualidades – Ramas finas de 25 a 30 cm de largo – Un periódico viejo
- Pegamento fuerte

1.

Pide a alguien que te mida con una cinta métrica el contorno de la cabeza. Dibuja en la cartulina una tira de 15 cm de ancho, cuya longitud sea la medida del contorno de tu cabeza más 6 cm (los necesitarás para unir ambas partes). Recórtala.

2.

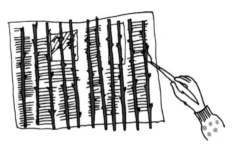

Elimina de las ramas cualquier resto de corteza u hojas. Colócalas juntas encima de un papel de periódico. Píntalas primero por una cara y luego por la otra. Asegúrate que la pintura se seca bien.

3.

Esparce pegamento fuerte por una cara de la corona de cartulina y pega unas cuantas ramas bien juntas. Cuando se seque el pegamento, repite la operación hasta completar toda la corona.

4.

Une sus extremos formando un cilindro y pégalos. Si fuera necesario, sujétalos con una pinza de tender mientras se seca el pegamento.

Material:

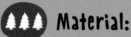

- Cajas de cartón para reciclar
- lápiz y goma – Tijeras
- Punzón – Papel de lija
- Pegamento – Pinzas de tender la ropa
- Rotulador rojo, blanco y negro

1.

En un cartón de 45 x 45 cm, dibuja la cara y el cuello de un reno de perfil. Recórtalos (pide ayuda a un adulto si fuera necesario). Pule con papel de lija todos los bordes. Aprovecha la parte restante del cartón como plantilla para dibujar otro busto de reno idéntico. Recórtalo.

2.

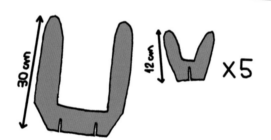

30 cm   12 cm   x5

A continuación, dibuja y recorta unas astas de unos 30 cm de altura y cinco de 12 cm. No olvides las hendiduras para el ensamblaje.

3.

Recorta una pieza ovalada de 35 x 40 cm, que será el soporte de la cabeza. Haz dos ranuras verticales de 11 cm. En la parte superior, practica dos agujeros con un punzón para pasar un cordel y colgar el reno.

4.

Encara los dos perfiles de la cabeza y pégalos por la nariz. Sujeta las dos narices con pinzas de tender mientras se seca el pegamento. Colorea la nariz de rojo, los ojos de negro y las líneas de los cuernos con rotulador blanco.

5.

Ensambla las cinco astas pequeñas en las astas principales, y estas en la cabeza (fíjate en la fotografía). Después, encaja la cabeza con la cornamenta en la pieza ovalada de cartón. Es una pieza muy grande, con lo cual necesitarás la ayuda de un adulto.

Puedes clavarlos
en un tiesto
o en una jardinera
con tierra

DUENDES DE NAVIDAD

🌲🌲 Material:

- Ramas finas de unos 30 o 35 cm de largo y grosor menor a 1,2 cm - Cuchillo de mesa
- Cartulinas - Pinturas y pincel - Rotulador blanco, negro y rojo - Tijeras - Cinta adhesiva

1.

Selecciona las ramas que te servirán para fabricar los duendes. Límpialas de hojas y alísalas con papel de lija. Si fuera necesario ayudarte con un cuchillo de mesa, recuerda que debes pedir ayuda a un adulto.

2.

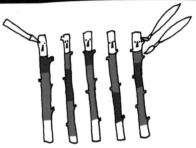

A continuación, pinta una franja de 6 cm de un extremo en color blanco, será la cara. Cuando las caras estén bien secas, pinta los ojos con rotulador negro, y la boca y la nariz con rotulador rojo.

3.

Pinta el resto de la rama de colores rojo, azul y blanco para hacer el vestido. Cuando esté seco, con un pincel más estrecho decóralo con rayas, con topos o en zigzag (fíjate la ilustración).

4.

Para las caperuzas, haz cucuruchos con cuadrados de 4,5 x 4,5 cm de cartulina de colores. Tienes las indicaciones en la actividad de la página 52. Pégalos con cinta adhesiva.

© De la idea y del texto: **Àngels Navarro, 2016** (Autora representada por IMC Agencia Literaria)
Ilustraciones: **Aina Bestard**
Construcción de manualidades: **Àngels Navarro y Aina Bestard**
Maquetación: **Aina Bestard y Núria Sola**
Fotografías: **Genís Muñoz**
© De esta edición: **Grupo Editorial Luis Vives, 2016**

Edelvives Talleres Gráficos. Certificado ISO 9001
Impreso en Zaragoza, España.

ISBN: **978-84-140-0539-2**

Depósito legal: **Z 1038-2016**